業種別事例による

[融資力]
5分間トレーニングドリル

データ改訂版

山田ビジネスコンサルティング株式会社 編

ビジネス教育出版社

はじめに

　このドリルは、『業種別事例による 新版［融資力］5分間トレーニングブック』の内容について、問題演習を通じて理解を深め、現場での実践力を高めることを目的として作成されたものです。

　各事例では、読者の皆さんが、お取引先を訪問して、融資の申込みを受けた場面が設定されています。実際に、融資の申込みを受けたつもりになって、各設問に取り組んでください。

　各設問を順序どおり解いていくことによって、事例企業の実態把握から、融資の可否の結論を導くまでの一連の流れが身につくようになっています。

　時間については、頭の中で考える場合の目安時間は原則として5分間ですが、本ドリルでは実際に、解答を書くことを前提としていますので、その3倍～4倍の時間を目安として設定してあります。

　もし問題を解いていて疑問に思うことがあったら、トレーニングブックの第1部に戻って、復習するようにしましょう。

　このドリルを一通り終えたなら、実際の現場で貸出案件に取り組む際に、このドリルの設問のように整理しながら案件を処理してみてください。前よりもスムーズに貸出案件の審査ができるようになっているはずです。

　現場で、実践を積み重ねることによって、攻めにも守りにも強い渉外担当者になられることを祈ります。

［融資力］5分間トレーニングドリル◆もくじ（得点表）

業　種	頁	学習日	得　点　　20　　40　　60　　80
1　理容業 　　（サービス業）	1	／	
2　鋼材製造業 　　（製造業）	5	／	
3　温泉旅館 　　（宿泊業）	9	／	
4　貴金属小売業 　　（小売業）	13	／	
5　建材卸グループ 　　（卸売業）	17	／	
6　引越専門業 　　（運輸業）	23	／	
7　酒類卸売業 　　（卸売業）	28	／	
8　自動車部品製造業 　　（製造業）	33	／	
9　婦人服小売業 　　（小売業）	39	／	
10　土木工事業 　　（建設業）	43	／	

本書の特色

1．このドリルは、書き込み式で使いやすく、業種別の事例を繰り返しトレーニングすることにより、「決算書のポイントをすばやく読み解く」能力を身につけることができます。
2．当社刊『新版［融資力］5分間トレーニングブック』の事例に準拠した問題ばかりですので、ドリルの問題を解く前に読んでおくとさらに効果的です。
3．購読者特典として、当社ホームページ（http://bks.co.jp）にアクセスすれば、さらにもう1問チャレンジすることができます。ユーザー名は「０１８４６」、パスワードは「ｙｕｓｈｉ２」です（いずれも半角文字）。指示にしたがって、ダウンロードしてください。

[融資力]トレーニングドリル 1　LEVEL ★　　標準時間 15分　評点

 理容業（サービス業）

点

〔企業概要〕

設　立	1980年	従業員数	3人（店主と息子夫婦）
資本金	3,000千円		※店主は地域活動にも積極的に参加し、地域住民を固定
年　商	20,234千円		客として確保している。

〔申出内容〕

既存の設備が老朽化したことによりカット台、シャンプー台等を取り替えるための設備投資資金 2,100千円の融資。理容設備の法定耐用年数は 5年。当該理髪店は 10年前に行った店舗建替の際に返済期間 20年で 5,000千円を借り入れている。

貸借対照表

（単位：千円）

科　目	前々期	前期	科　目	前々期	前期
流動資産	2,629	2,670	**流動負債**	3,074	2,573
現金及び預金	1,971	1,989	買入債務	82	77
売上債権	34	36	短期借入金	2,043	1,825
棚卸資産	273	283	未払法人税等	134	125
その他	351	362	その他	815	546
固定資産	12,486	12,028	**固定負債**	4,154	3,812
要償却資産	7,386	6,928	長期借入金	4,154	3,812
投資その他の資産	0	0	**負債合計**	7,228	6,385
土　地	5,100	5,100	**株主資本**	7,887	8,313
			純資産合計	7,887	8,313
資産合計	15,115	14,698	**負債・純資産合計**	15,115	14,698

損益計算書

（単位：千円）

	前々期	前期
売上高	20,326	20,234
売上原価	1,637	1,629
売上総利益	18,689	18,605
販管費	17,814	17,775
（人件費）	(12,230)	(12,249)
営業利益	875	830
営業外損益	△ 123	△ 122
経常利益	752	708
特別損益	0	0
税引前当期純利益	752	708
法人税等	301	282
当期純利益	451	426

(減価償却費)	470	456

主な経営指標

	前々期	前期	業界平均
流動比率	85.5%	103.8%	127.3%
固定比率	158.3%	144.7%	219.2%
固定長期適合率	103.7%	99.2%	91.5%
自己資本比率	52.2%	56.6%	31.8%
売上総利益率	91.9%	91.9%	93.0%
売上高営業利益率	4.3%	4.1%	3.1%
売上高経常利益率	3.7%	3.5%	4.5%

※業界平均は「TKC経営指標　平成25年指標版」(黒字企業平均)より。

設問1　理容業の業種特性を踏まえて、融資の可否を検討するうえでチェックすべき一般的な項目を3点あげてください。　　　　　　　　　　　　　　　　（配点　15点）

　①

　②

　③

設問2　本件は、設備の老朽化に伴う代替にかかる資金の申出です。決算書から申出事情が妥当かどうかを検証するにはどうすればよいでしょうか。　（配点　15点）

設問3　本件における申出金額の妥当性を確認するにはどうすればよいでしょうか。
　　　　　　　　　　　　　　　　　　　　　　　　　　　　　　　（配点　15点）

設問4　貸出期間の設定はどのように考えればよいでしょうか。　（配点　15点）

設問5　返済財源を検討するうえでは、過去のキャッシュ・フロー実績を検討することが必要です。前々期のキャッシュ・フロー、前期のキャッシュ・フローはそれぞれいくらになるでしょうか（計算式も記入のこと）。　　　　　　　　　　　（配点　20点）

前々期

前　期

設問6　以上を踏まえて融資の可否を検討してください。　　　　　　（配点　20点）

（結　論）　　可　・　否　（どちらかに〇をする）

（根　拠）

[融資力]トレーニングドリル 2　LEVEL ★★

鋼材製造業（製造業）

　標準時間15分

評点
点

〔企業概要〕

設　立	1955年	主力商製品	建築用鋼板、土木用鋼材、メッキ鋼板など
資本金	150百万円	主要取引銀行	都市銀行（1行）、第二地銀（1行）
年　商	2,718百万円	※既存の土木用鋼材製品は、公共工事件数の減少に伴い売上が微減を続けている。	
従業員数	47人		

〔申出内容〕

自社特許を活用した新製品開発資金50百万円の融資の申出。新製品は、当社の既存技術を使って開発でき、既存の設備で製造できる。マーケティング調査から市場ニーズは十分に見込める。

貸借対照表
（単位：百万円）

科　目	前々期	前期	科　目	前々期	前期
流動資産	1,838	1,810	**流動負債**	1,092	1,036
現金及び預金	310	321	支払手形	281	257
受取手形	554	548	買掛金	276	251
売掛金	212	215	短期借入金	347	331
棚卸資産	692	658	未払法人税等	16	17
その他	70	68	その他	172	180
固定資産	1,260	1,236	**固定負債**	657	606
土地	262	262	長期借入金	657	606
要償却資産	928	904	**負債合計**	1,749	1,642
投資その他の資産	70	70	**株主資本**	1,349	1,404
			純資産合計	1,349	1,404
資産合計	3,098	3,046	**負債・純資産合計**	3,098	3,046

損益計算書
（単位：百万円）

	前々期	前期
売上高	2,612	2,718
売上原価	2,136	2,234
売上総利益	476	484
販管費	353	366
営業利益	124	118
営業外損益	△25	△23
経常利益	99	95
特別損益	0	0
税引前当期純利益	99	95
法人税等	40	38
当期純利益	59	57

（減価償却費）	48	47

主な経営指標

	前々期	前期
流動比率	168.3%	174.7%
固定比率	93.4%	87.9%
固定長期適合率	62.8%	61.5%
自己資本比率	43.5%	46.1%
売上総利益率	18.2%	17.8%
売上高経常利益率	3.8%	3.5%
売上高営業利益率	4.7%	4.3%

設問1 貸借対照表から、当社の財務上の特徴を2点説明してください。　　（配点　20点）

```
①

②
```

設問2 当社は新たな設備投資を行おうとしていますが、申出事情の妥当性につき論評してください。　　（配点　20点）

設問3 新製品の開発計画について当社にどのような点を確認すればよいでしょうか。説明してください。　　（配点　20点）

設問4 前々期と前期に獲得したキャッシュ・フロー額はそれぞれいくらありましたか。　　（配点　20点）

```
前々期


前　期
```

設問5　以上を踏まえて融資の可否を検討しなさい。　　　　　　　　　（配点　20点）

（結　論）　　　可　・　否　（どちらかに〇をする）

（根　拠）

[融資力]トレーニングドリル 3　LEVEL ★★★　標準時間15分　評点

温泉旅館（サービス業）

〔企業概要〕

設　立	1920年	従業員数	62名
資本金	10百万円	主要取引銀行	地銀2行、第二地銀1行
年　商	1,612百万円		

〔申出内容〕

　長引く景気の低迷による企業の団体旅行の減少とともに、年々客数が減少傾向にある老舗の温泉旅館。それに加え、長引く不況の影響から宿泊単価と館内消費単価ともに下落が続き、じりじりと売上が低下している中、改装のための追加融資100百万円の申出。

貸借対照表

(単位：百万円)

科　目	前々々期	前々期	前　期	科　目	前々々期	前々期	前　期
流動資産	364	364	404	**流動負債**	379	456	602
現金・預金	194	191	212	支払手形	7	12	19
売掛金	62	45	52	買掛金	40	35	41
棚卸資産	27	21	25	短期借入金	252	329	476
その他流動資産	81	107	115	その他流動負債	80	80	66
固定資産	2,449	2,449	2,486	**固定負債**	2,424	2,350	2,280
償却資産	1,825	1,823	1,852	長期借入金	2,424	2,350	2,280
土　地	527	527	533	**負債合計**	2,803	2,806	2,882
投資その他の資産	97	99	101	自己資本	11	8	9
繰延資産	1	1	1	**純資産合計**	11	8	9
資産合計	2,814	2,814	2,891	**負債・純資産合計**	2,814	2,814	2,891

損益計算書

(単位:百万円)

科　目	前々々期	前々期	前期
売上高	1,805	1,671	1,612
売上原価	545	535	523
売上総利益	1,260	1,136	1,089
人件費	480	456	428
経費	722	603	562
(うち減価償却費)	(96)	(22)	(20)
営業利益	58	77	99
営業外収益	83	35	24
営業外費用(支払利息)	128	114	118
経常利益	13	△ 2	5
特別利益		2	
特別損失	1	2	2
税引前当期純利益	12	△ 2	3
法人税等	5		1
当期純利益	7	△ 2	2

主要な経営指標

指　標	前々々期	前々期	前期	業界平均
総資本経常利益率	0.5%	△ 0.1%	0.2%	2.31%
売上高経常利益率	0.7%	△ 0.1%	0.3%	3.64%
売上債権回転期間	12.5日	9.8日	11.8日	16日
棚卸資産回転期間	5.5日	4.6日	5.7日	6日
仕入債務回転期間	9.5日	10.3日	13.6日	19日
流動比率	96.0%	79.8%	67.1%	84.4%
固定長期適合比率	100.6%	103.9%	108.7%	103.5%
自己資本比率	0.4%	0.3%	0.3%	24.1%
売上高減価償却費比率	5.3%	1.3%	1.2%	7.9%

※業界平均は「TSR中小企業経営指標　平成25年版」(売上高減価償却費比率のみ、平成23年版を使用)より。

設問1　温泉旅館の業種特性を3点挙げてください。　　　　　　　　（配点　15点）

　　　①

　　　②

　　　③

設問2　温泉旅館の経営をチェックするポイントを3点挙げてください。（配点　15点）

　　　①

　　　②

　　　③

設問3　当社の損益計算書における問題点について説明してください。（配点　15点）

設問4　当社の貸借対照表における問題点について説明してください（損益計算書も参考にすること）。　　　　　　　　　　　　　　　　　　　　　　　　（配点　15点）

設問5　返済財源を検討するうえでは、過去のキャッシュ・フロー実績を検討することが必要です。前々期のキャッシュ・フロー、前期のキャッシュ・フローはそれぞれいくらでしょうか。　　　　　　　　　　　　　　　　　　　　　　（配点　20点）

前々期

前期

設問6　以上を踏まえて融資の可否を検討してください。　　　　（配点　20点）

（結　論）　　　可　・　否　（どちらかに〇をする）

（根　拠）

[融資力]トレーニングドリル 4　LEVEL ★★

貴金属小売業（小売業）

標準時間15分

評点　　点

〔企業概要〕

設　立	1972年	従業員数	30人
資本金	50百万円	主力商製品	宝石・時計
年　商	884百万円	主要取引銀行	地方銀行1行

〔申出内容〕

大型ショッピングセンターへの出店費用50百万円の融資の申出

貸借対照表

（単位：百万円）

科　目	前々期	前期	科　目	前々期	前期
流動資産	450	497	**流動負債**	287	264
現金及び預金	78	88	支払手形	111	140
売掛金	31	29	買掛金	79	57
棚卸資産	265	301	短期借入金	63	41
その他	76	79	その他	34	26
固定資産	128	110	**固定負債**	102	143
要償却資産	77	59	長期借入金	102	102
投資その他の資産	51	51	オーナー借入金	0	41
			負債合計	389	407
			株主資本	189	200
			純資産合計	189	200
資産合計	578	607	**負債・純資産合計**	578	607

（手形割引高）　　　　（0）　　　（0）

損益計算書

（単位：百万円）

	前々期	前期
売上高	913	884
売上原価	496	481
売上総利益	417	403
販管費	379	379
営業利益	38	24
営業外損益	△5	△5
経常利益	33	19
特別損益	1	1
税引前当期純利益	34	20
法人税等	13	8
当期純利益	21	12

（減価償却費）	23	17

主な経営指標

	前々期	前期	業界平均
流動比率	156.8%	188.3%	265.9%
固定比率	67.7%	55.0%	111.1%
固定長期適合率	44.0%	32.1%	52.4%
自己資本比率	32.7%	32.9%	36.7%
売上総利益率	45.7%	45.6%	46.4%
売上高営業利益率	4.2%	2.7%	3.1%
売上高経常利益率	3.6%	2.1%	3.8%
棚卸資産回転期間	105.9日	124.3日	100.6日

※業界平均は「TKC経営指標　平成25年指標版」（黒字企業平均）より。

設問1　貴金属小売業における、一般的な業種上の特徴を2点あげてください。

（配点　20点）

①

②

設問2　貴金属小売業における、一般的な財務上の特徴を2点あげてください。

（配点　20点）

①

②

設問3　当社における貸借対照表上の問題点を2点指摘してください。　（配点　20点）

（参考）貴金属小売業における適正在庫は、仕入価額の6カ月分といわれている。

①

②

設問4　当社の資金繰り状況について論評してください。　　　　　　　（配点　20点）

設問5　以上を踏まえて融資の可否を検討してください。　　　　　　　（配点　20点）

（結　論）　　可　・　否　（どちらかに〇をする）

（根　拠）

[融資力]トレーニングドリル 5 LEVEL ★★★★★

 建材卸グループ

標準時間 30 分　評点　点

〔企業概要〕

設　立　　1969 年　　　従業員数　57 人
資 本 金　30 百万円　　　年　商　1,732 百万円
主力商製品　商社、工務店、ハウスメーカー向け建材販売＋注文住宅請負

〔申出内容〕

　当社は、注文住宅請負業を営む 100％子会社と 2 社でグループを形成しており、川上から川下までのサービス展開が強みである。大手ハウスビルダーからの大型受注が見込まれ、ライン増設のための設備投資資金 5,000 万円の長期融資の申出。なお、本事例における子会社の建材仕入れは、すべて親会社の当社からのものである。

建材卸業　貸借対照表　　　（単位：百万円）

科　目	前々期	前期	科　目	前々期	前期
流動資産	615	588	流動負債	568	590
現金及び預金	77	47	支払手形	208	219
受取手形	11	5	買掛金	190	200
売掛金	184	227	短期借入金	88	72
（うち子会社向け）	(86)	(101)	未払法人税等	12	16
棚卸資産	241	233	その他流動負債	70	83
その他流動資産	102	76	固定負債	201	169
固定資産	197	240	長期借入金	201	169
有形固定資産	138	133	負債合計	769	759
（時価評価）	(50)	(50)	自己資本	53	78
無形固定資産	4	4			
投資その他の資産	55	103			
（うち子会社貸付金）	(25)	(45)			
繰延資産	10	9	純資産合計	53	78
資産合計	822	837	負債・純資産合計	822	837

住宅請負業 貸借対照表　　　　　　　　（単位：百万円）

科　目	前々期	前期	科　目	前々期	前期
流動資産	139	161	**流動負債**	207	190
現金及び預金	25	15	買掛金	86	101
完成工事未収入金	30	87	未成工事受入金	76	14
棚卸資産	62	34	工事未払金	27	56
（うち未成工事支出金）	(52)	(20)	未払法人税等	4	5
その他流動資産	22	25	その他流動負債	14	14
固定資産	86	86	**固定負債**	25	45
有形固定資産	40	39	長期借入金	0	0
無形固定資産	20	20	親会社借入金	25	45
投資その他の資産	26	27	**負債合計**	232	235
繰延資産	10	8	自己資本	3	20
			純資産合計	3	20
資産合計	235	255	**負債・純資産合計**	235	255

2社合算 貸借対照表　　　　　　　　（単位：百万円）

科　目	前期 単純合算	両社取引相殺	相殺後	修正額	修正後	科　目	前期 単純合算	両社取引相殺	相殺後	修正額	修正後
流動資産	749	△101	648	△11	637	**流動負債**	780	△101	679	29	708
現金及び預金	62		62		62	支払手形	219		219		219
受取手形	5		5		5	買掛金	301	△101	200		200
売掛金	227	△101	126		126	短期借入金	72		72		72
（うち子会社向け）	(101)	(△101)	(0)		(0)	未成工事受入金	14		14	79	93
完成工事未収入金	87		87	△76	11	工事未払金	56		56	△50	6
棚卸資産	267		267	65	332	未払法人税等	21		21		21
（うち未成工事支出金）	(20)		(20)	(65)	(85)	その他流動負債	97		97		97
その他流動資産	101		101		101	**固定負債**	214	△45	169	0	169
固定資産	326	△45	281	△80	201	長期借入金	169		169		169
有形固定資産	172		172	△80	92	親会社長期借入金	45	△45	0		0
無形固定資産	24		24		24	**負債合計**	994	△146	848	29	877
投資その他の資産	130	△45	85	0	85	自己資本	98	0	98	△120	△22
（うち子会社貸付金）	(45)	(△45)	(0)		(0)						
繰延資産	17		17		17	**純資産合計**	98	0	98	△120	△22
資産合計	1,092	△146	946	△91	855	**負債・純資産合計**	1,092	△146	946	△91	855

建材卸業 損益計算書

(単位:百万円)

科目	前々期	前期
売上高	1,683	1,732
売上原価	1,374	1,413
売上総利益	309	319
販管費	275	273
営業利益	34	46
営業外損益	△3	△6
経常利益	31	40
特別損益	3	2
税引前当期純利益	34	42
法人税等	14	17
税引後当期純利益	20	25
(減価償却費)	7	5

住宅請負業 損益計算書

(単位:百万円)

科目	前々期	前期
売上高	314	433
売上原価	251	342
売上総利益	63	91
販管費	51	64
営業利益	12	27
営業外損益	3	2
経常利益	15	29
特別損益	0	0
税引前当期純利益	15	29
法人税等	6	12
税引後当期純利益	9	17
(減価償却費)	2	1

2社合算 損益計算書

(単位:百万円)

科目	前々期 単純合算	前々期 関係会社間取引相殺	前々期 相殺後	前期 単純合算	前期 関係会社間取引相殺	前期 相殺後	前期 修正額	前期 修正後
売上高	1,997	△251	1,746	2,165	△342	1,823	△155	1,668
売上原価	1,625	△251	1,374	1,755	△342	1,413	△115	1,298
売上総利益	372	0	372	410	0	410	△40	370
販管費	326		326	337		337		337
営業利益	46	0	46	73	0	73	△40	33
営業外損益	0		0	△4		△4		△4
経常利益	46	0	46	69	0	69	△40	29
特別損益	3		3	2		2		2
税引前当期純利益	49	0	49	71	0	71	△40	31
法人税等	20		20	29		29		29
税引後当期純利益	29	0	29	42	0	42	△40	2
(減価償却費)	9	0	9	6	0	6	0	6

建材卸業 主な経営指標

	前々期	前期	業界平均
流動比率	108.3%	99.7%	140.5%
固定比率	371.7%	307.7%	116.1%
固定長期適合率	77.6%	97.2%	63.6%
自己資本比率	6.4%	9.3%	28.9%
売上総利益率	18.4%	18.4%	12.1%
売上高営業利益率	2.0%	2.7%	1.3%
売上高経常利益率	1.8%	2.3%	1.3%

売上債権回転月数	1.4月	1.6月	2.3月
仕入債務回転月数	2.8月	2.9月	0.7月
棚卸資産回転月数	1.7月	1.6月	2.0月

※業界平均は「平成25年中小企業実態基本調査(確報)」をもとに算出。

住宅請負業 主な経営指標

	前々期	前期	業界平均
流動比率	67.1%	84.7%	146.2%
固定比率	2866.7%	430.0%	101.0%
固定長期適合率	307.1%	132.3%	60.1%
自己資本比率	1.3%	7.8%	31.9%
売上総利益率	20.1%	21.0%	18.3%
売上高営業利益率	3.8%	6.2%	3.4%
売上高経常利益率	4.8%	6.7%	3.5%

売上債権回転月数	1.1月	2.4月	1.0月
仕入債務回転月数	7.2月	4.7月	1.7月
棚卸資産回転月数	2.4月	0.9月	0.2月

※業界平均は「TSR中小企業経営指標 平成25年版」(黒字企業平均値)より。

設問1 グループ企業の融資審査を行ううえで、最も留意しなければならないのはどのような点ですか。　　　　　　　　　　　　　　　　　　　　　　（配点　10点）

設問2 本件において、2社合算の貸借対照表を作成するにあたり、相殺が必要となる科目を2つ挙げてください。　　　　　　　　　　　　　　　　　（配点　20点）

①

②

設問3 本件において、2社合算の損益計算書を作成するにあたり、相殺が必要となる科目を挙げてください。　　　　　　　　　　　　　　　　　　　（配点　20点）

設問4　住宅請負業を営む子会社の財務上の問題点を具体的に説明してください。

（配点　20点）

設問5　子会社である住宅請負業社の決算はどのような粉飾を行ったと推測できますか。説明してください。

（配点　10点）

設問6　以上を踏まえて融資の可否を検討してください。　　　　　（配点　20点）

（結　論）　　可　・　否　（どちらかに〇をする）

（根　拠）

[融資力]トレーニングドリル 6　　LEVEL ★★　　　　標準時間15分　　評点

 引越専門業（運輸業）

〔企業概要〕

設　　立　　1980年　　　　従業員数　　　41人
資　本　金　　68百万円　　　主力商製品　　ファミリー向け引越運送
年　　商　　1,048百万円　　主要取引銀行　都銀1行、地銀2行、第二地銀1行

〔申出内容〕

　高価格が見込めるファミリー向けの引越しに特化。宣伝広告（テレビコマーシャル、チラシ配布）を利用した顧客勧誘戦略による拡大路線に転じたが、1990（平成2）年の貨物自動車運送事業法および貨物運送取扱事業法の施行による大幅な規制緩和の実施を受け、続々と運送業からの新規参入が起きている。また、バブル崩壊後、顧客は低価格サービスへと志向する傾向にある。そんな当社からの短期運転資金2百万円の融資の申込み。

貸借対照表

(単位:百万円)

科　目	前々期	前期	科　目	前々期	前期
流動資産	237	244	流動負債	281	219
現金及び預金	135	140	支払手形	3	1
(うち担保預金)	(95)	(95)	買掛金	61	53
受取手形	0	0	短期借入金	181	137
売掛金	65	72	未払法人税等	2	2
棚卸資産	14	21	その他	34	26
その他	23	11	固定負債	193	238
固定資産	281	268	長期借入金	193	238
有形固定資産	177	175	負債合計	474	457
無形固定資産	30	25	自己資本	45	56
投資その他の資産	74	68	(うち増資)	(0)	(11)
繰延資産	1	1	純資産合計	45	56
資産合計	519	513	負債・純資産合計	519	513

損益計算書

(単位:百万円)

	前々期	前期
売上高	1,053	1,048
売上原価	604	602
売上総利益	**449**	**446**
販管費	437	420
(うち人件費)	(153)	(163)
(うち広告宣伝)	(164)	(159)
(その他)	(120)	(98)
営業利益	**12**	**26**
営業外損益	△ 9	△ 14
経常利益	**3**	**12**
特別損益	2	△ 6
税引前当期純利益	**5**	**6**
法人税等	2	2
当期純利益	**3**	**4**

	前々期	前期
(減価償却費)	3	2

主な経営指標

	前々期	前期	業界平均
流動比率	84.3%	111.4%	208.8%
固定比率	624.4%	478.6%	117.7%
固定長期適合率	118.1%	91.2%	64.7%
自己資本比率	8.7%	10.9%	41.5%
売上総利益率	42.7%	42.6%	27.4%
売上高営業利益率	1.1%	2.5%	2.4%
売上高経常利益率	0.3%	1.1%	3.3%

※業界平均は「TKC経営指標 平成25年指標版」(黒字企業平均)より。

設問1 引越専門業の財務上の特性として、一般的なものを2点挙げてください。

(配点 20点)

①

②

設問2 当社の財務内容に関する問題点を2点挙げてください。　　(配点 20点)

①

②

設問3 設問2から、当社が行っていると考えられる決算処理上の問題点を指摘してください。

(配点 20点)

設問4　財務状態から考えると、当社の資金使途に関してどのような可能性が推測されますか。説明してください。　　　　　　　　　　　　　　　（配点　20点）

設問5　以上を踏まえて融資の可否を検討してください。　　　　　　（配点　20点）

（結　論）　　可　・　否　（どちらかに○をする）

（根　拠）

[融資力]トレーニングドリル 7　　LEVEL ★★★

 酒類卸売業（卸売業）

標準時間15分

評点

点

〔企業概要〕

設　立	1957年	従業員数	7人
資本金	30百万円	主力商製品	酒類93％、その他7％
年　商	1,018百万円	主要取引銀行	地銀3行

〔申出内容〕

　これまで当社のメインバンクとして1年ごとに運転資金として短期借入金の反復融資を行っており、半年前にも40百万円の運転資金を融資していたが、運転資金20百万円の融資の申出があった。

貸借対照表

(単位:百万円)

科目	前々期	前期	科目	前々期	前期
流動資産	260	288	**流動負債**	239	261
現金及び預金	66	68	支払手形	30	31
受取手形	10	14	買掛金	87	95
売掛金	111	130	短期借入金	118	119
棚卸資産	50	54	その他	4	16
その他	23	22	**固定負債**	66	61
固定資産	112	110	長期借入金	66	61
要償却資産	93	91			
投資その他の資産	19	19	**負債合計**	305	322
			株主資本	67	76
			純資産合計	67	76
資産合計	372	398	**負債・純資産合計**	372	398

損益計算書

(単位:百万円)

	前々期	前期
売上高	996	1,018
売上原価	911	930
売上総利益	85	88
販管費	84	85
営業利益	1	3
営業外損益	6	6
経常利益	7	9
特別損益	0	0
税引前当期純利益	7	9
法人税等	0	0
当期純利益	7	9
(減価償却費)	2	2

主な経営指標

	前々期	前期	業界平均
自己資本比率	18.0%	19.1%	19.5%
売上総利益率	8.5%	8.6%	5.2%
売上高営業利益率	0.1%	0.3%	△2.7%
売上高純利益率	0.7%	0.9%	0.5%
売上債権回転期間	44日	52日	48日
棚卸資産回転期間	18日	19日	7日
仕入債務回転期間	43日	45日	62日

※業界平均は、国税庁酒類卸売業者の概況」(平成23年度調査分)より。

設問1　酒類卸売業の業種特性を踏まえて、審査上チェックすべき一般的な項目を3点挙げてください。　　　　　　　　　　　　　　　　　　　　（配点　15点）

①

②

③

設問2　運転資金とは何か説明してください。また、本件のように突発的に運転資金の融資依頼があった場合に、その会社にどのような事情があったと考えられるでしょうか。
　　　　　　　　　　　　　　　　　　　　　　　　　　　　　　（配点　15点）

設問3　前々期および前期の運転資金額を計算して、借入申込額の必要性を検討してください。　　　　　　　　　　　　　　　　　　　　　　　　　　（配点　20点）

前々期

前　期

設問4　設問3で資金の必要性はわかりましたが、その要因となった当社の財務上の問題点について説明してください。　　　　　　　　　　　　　　　（配点　15点）

設問5　当社の償還能力を検討します。前期キャッシュ・フローにより、運転資金融資後の債務償還年数を計算してください。　　　　　　　　　　　　（配点　15点）

設問6　当社から以下の資料を入手しました。これまでの検討も踏まえて融資の可否を判断してください。
　　　　　　　　　　　　　　　　　　　　　　　　　　　　　（配点　20点）

[参考資料（一部）]

取引先別売上高（単位：百万円）　　　取引先別売掛金残高（単位：百万円）

	前期	当期
X社	90	81
Y社	50	54
Z社	40	44

	前期	当期
X社	12	23
Y社	6	7
Z社	5	6

（結　論）　　　可　・　否　（どちらかに○をする）

（根　拠）

[融資力]トレーニングドリル 8　　LEVEL ★★★★　　　標準時間20分　　評点

 **自動車部品製造業（製造業）**

〔企業概要〕

設　立	1979年	従業員数	65人
資 本 金	40百万円	主力商製品	自動車エンジン用鍛造部品（鉄製およびアルミ製）
年　商	531百万円	主要取引銀行	地銀

〔申出内容〕

　主な取引先は自動車メーカーのX社であり、当社創業時から取引が続いている。売上高のほとんどがX社関連部品で、前々期は約8割を占めていた。ところが、前期、X社が陥った品質問題によりX社製自動車が販売不振となり、その影響で受注数量が減少し、売上高および営業利益が低下した。創業以来、X社からの受注により業績を順調に伸ばしていたが、前期、初めて経常赤字に転落した。

　危機感を持った社長は3年前から取引関係にあるY自動車工業の関連会社への売上高を拡大する方針を決定した。Y社との取引は、部品単位の受注数量が多く、その数量も安定しているが、納入価格が厳しく、自動化が遅れた当社の設備では製造コストが高くなってしまい、製造原価を割って納入している部品も少なくない。

　このたびY社から新型車種への納入部品について大幅な増産対応を要請された当社は、この要請に対して自動設備を導入して応えるため、設備投資資金100百万円のうち80百万円の融資を申し出てきた。

貸借対照表

(単位：百万円)

科　　目	前々期	前期	科　　目	前々期	前期
流動資産	102	142	流動負債	191	187
現金及び預金	20	24	支払手形	40	44
受取手形	22	25	買掛金	88	69
売掛金	33	42	短期借入金	32	42
棚卸資産	22	45	未払法人税等	0	0
その他	5	6	その他	31	32
固定資産	315	289	固定負債	116	137
要償却資産	294	268	長期借入金	116	137
投資その他の資産	21	21	負債合計	307	324
			株主資本	110	107
			純資産合計	110	107
資産合計	417	431	負債・純資産合計	417	431
(割引手形)	76	74			

損益計算書

(単位：百万円)

	前々期	前期
売上高	592	531
売上原価	485	450
売上総利益	107	81
販管費	83	79
営業利益	24	2
営業外収益	1	1
営業外損失	5	6
(うち支払利息)	(5)	(6)
経常利益	20	△3
特別損益	0	0
税引前当期純利益	20	△3
法人税等	7	0
当期純利益	13	△3
(減価償却費)	26	26

＊定額法

主な経営指標

	前々期	前期	業界平均
自己資本比率	26.4%	24.9%	34.3%
流動比率	53.4%	75.9%	149.9%
売上総利益率	18.1%	15.2%	19.6%
売上高営業利益率	4.1%	0.4%	2.7%
棚卸資産回転期間	13.6日	31.0日	25日

※業界平均は中小企業庁「平成 25 年中小企業実態基本調査(確報)」をもとに算出。

設問1　当社のように特定の自動車メーカーとの取引を主とする自動車部品製造業に、一般的に見られる特徴を2点挙げてください。　　　　　　　　　　　　（配点　20点）

①

②

設問2　自動車部品製造業に対する設備投資融資について、貸出期間はどのように設定すればよいでしょうか。　　　　　　　　　　　　　　　　　　　　　　　（配点　15点）

設問3　現状の償還能力を把握するため、前期の決算書から当社の債務償還年数を計算してください。　　　　　　　　　　　　　　　　　　　　　　　　　　（配点　15点）

設問4　当社は、Y社が公表している今後5年間の生産台数計画から、設備投資の回収計画を立てています。以下計画から、設備投資によるキャッシュ・フローを計算してください。　　　　　　　　　　　　　　　　　　　　　　　　（配点　15点）

〈設備投資計画〉

予想年間売上　　225百万円
設備投資金額　　100百万円（うち自己資金20百万円）
融資返済年数　　5年
償却期間　　　　10年（残存価額0円）
年間固定費　　　50百万円（利息・減価償却費込）
年間変動費率　　70％
法人税率　　　　40％

設問5　既存の事業が前年並みで推移すると仮定した場合の、設備投資後の債務償還年数を計算してください。　　　　　　　　　　　　　　　　　　　　　　　　　（配点　15点）

設問6　以上を踏まえて融資の可否を検討してください。　　　　　　　　（配点　20点）

（結　論）　　　可　・　否　　（どちらかに〇をする）

（根　拠）

[融資力]トレーニングドリル 9　LEVEL ★★

婦人服小売業（小売業）

標準時間15分　評点　点

〔企業概要〕

設　立	1957年	従業員数	10人（正社員）20人（パート等）
資 本 金	20百万円	主要取引銀行	地銀2行、信用金庫1行
年　商	985百万円		

〔申出内容〕

　現在、当社は委託販売形式※で商品を仕入れている。前々期には不採算店舗を1店舗閉店し、現在は10店舗を展開、既存店の売上高は3年前から昨年対比100％以上で推移し、今期も順調に増加している。

　当社のメインバンクの担当者であるあなたは、ある日、社長から「良い物件があるので新規出店を計画している。新規店舗は、従来とはまったく異なるコンセプトの店舗であり、今まで扱わなかった商品を扱いたい。新規出店資金30百万円のうち15百万円は手持ち資金で用意したが、残額15百万円の融資をお願いできないか」との申出を受けた。融資金の使途は、新規出店時の差入保証金である。当社の店舗はすべて賃借で、本社事務所も他行の担保に供しているので、同社からは十分な担保の徴求を期待できない。

　※　委託販売方式とは、仕入先に売れ残った商品を返品できる販売方式である。したがって小売店は在庫を持つことがない。

貸借対照表

(単位：百万円)

科　目	前々期	前期	科　目	前々期	前期
流動資産	145	163	**流動負債**	158	173
現金及び預金	44	50	支払手形	19	18
売掛金	39	42	買掛金	40	41
棚卸資産	17	18	短期借入金	28	24
その他	45	53	未払法人税等	10	14
固定資産	199	190	その他	61	76
有形固定資産	69	60	**固定負債**	121	95
無形固定資産	3	3	長期借入金	121	95
差入保証金	121	121	**負債合計**	279	268
投資その他の資産	6	6	株主資本	65	85
			純資産合計	65	85
資産合計	344	353	**負債・純資産合計**	344	353

損益計算書

(単位：百万円)

	前々期	前期
売上高	981	985
売上原価	595	597
売上総利益	386	388
販管費	346	350
営業利益	40	38
営業外損益	△4	△3
経常利益	36	35
特別損益	△11	0
税引前当期純利益	25	35
法人税等	10	14
当期純利益	15	21

(減価償却費)	9	9

主な経営指標

	前々期	前期	業界平均
売上債権回転期間	14.5日	15.6日	25.2日
棚卸資産回転期間	6.3日	6.7日	45.8日
仕入債務回転期間	22.0日	21.9日	31.8日
売上総利益率	39.3%	39.4%	44.8%
売上高経常利益率	3.7%	3.6%	2.1%

※業界平均は「TKC経営指標　平成25年指標版」(黒字企業平均)より。

設問1　婦人服小売業（洋品店）の審査上、一般的に留意すべき点を3点挙げてください。
（配点　15点）

①

②

③

設問2　本件は、新規出店資金の借入申込みです。新規出店資金を審査するうえでの一般的なポイントを3点挙げてください。　　（配点　15点）

①

②

③

設問3　当社が委託販売方式により商品を仕入れていることによる財務上の特徴のうち、最も顕著なものを挙げてください。　　（配点　15点）

設問4　新規店舗が業績に寄与しない場合について検討してみることにします。新規出店によるキャッシュ・フローをゼロ、業績を前年並みと見込んだ場合の、当社のキャッシュ・フローと新規出店資金融資後の債務償還年数を計算してください。

(配点　20点)

```
キャッシュ・フロー


債務償還年数
```

設問5　新規店舗の業績が低調であった場合に考えられるリスクについて説明してください。
(配点　15点)

設問6　以上を踏まえて融資の可否を検討してください。　　(配点　20点)

```
（結　論）　　　可　・　否　（どちらかに○をする）

（根　拠）
```

[融資力]トレーニングドリル 10　LEVEL ★★★★　標準時間20分

土木工事業（建設業）

〔企業概要〕

設　立	1976年	従業員数	41人
資本金	50百万円	主力商製品	官公庁発注の土木工事
年　商	1,451百万円		

〔申出内容〕

　当社は、土木工事に強みを持つ、県内で中堅の建設業者である。発注者の多くが官公庁であるため、その業績は公共設備投資に大きく依存していた。

　建設業界を取り巻く環境は、ここ数年、企業収益の回復により民間設備投資は回復の兆しが見えるものの、公共設備投資は、依然として減少傾向が続いている。

　このような厳しい経営環境の中で、当社の業績は低迷していた。今後は、民間土木事業へシフトすることを考えているが、当面は運転資金50百万円を調達する必要があるため、新たに融資を受けたいとの申出。

貸借対照表

(単位:百万円)

科　目	前々期	前期	科　目	前々期	前期
流動資産	570	704	**流動負債**	460	583
現金及び預金	162	137	支払手形	13	35
受取手形	8	12	工事未払金	150	227
完成工事未収入金	190	323	未成工事受入金	28	48
未成工事支出金	187	215	短期借入金	253	240
その他	23	17	その他	16	33
固定資産	275	226	**固定負債**	257	239
要償却資産	177	135	長期借入金	257	239
土地	71	71	**負債合計**	717	822
投資その他の資産	27	20	**株主資本**	128	108
			純資産合計	128	108
資産合計	845	930	**負債・純資産合計**	845	930

損益計算書

(単位:百万円)

	前々期	前期
売上高	1,281	1,451
売上原価	1,079	1,158
売上総利益	202	293
販管費	196	206
営業利益	6	87
営業外損益	△18	△16
経常利益	△12	71
特別損益	△3	△5
税引前当期純利益	△15	66
法人税等	4	30
当期純利益	△19	36

(減価償却費)	26	24

主な経営指標

	前々期	前期	業界平均
流動比率	124.0%	120.8%	181.2%
固定比率	214.8%	209.3%	80.4%
固定長期適合率	71.4%	65.1%	53.8%
自己資本比率	15.1%	11.6%	42.6%
売上総利益率	15.8%	20.2%	16.5%
売上高営業利益率	0.5%	6.0%	2.7%
売上高経常利益率	△0.9%	4.9%	3.2%
売上債権回転期間	56.4日	84.3日	58.8日
棚卸資産回転期間	53.3日	54.1日	30.8日
仕入債務回転期間	54.4日	78.0日	35.1日

※業界平均は「TKC経営指標　平成25年指標版」(黒字企業平均)より。

設問1　建設業（土木工事業）の業種特性として一般的なものを挙げてください。
(配点　10点)

設問2　建設業の会計では、一般の決算書と異なる勘定科目が使用されます。以下の勘定科目は、一般の決算書でどの勘定科目に対応しますか。　　（配点　20点）

①完成工事未収入金　　（　　　　　　　　　　　　　　　　　）

②未成工事支出金　　　（　　　　　　　　　　　　　　　　　）

③工事未払金　　　　　（　　　　　　　　　　　　　　　　　）

④未成工事受入金　　　（　　　　　　　　　　　　　　　　　）

設問3　建設業（土木工事業）の財務上の特徴として、一般的なものを2点挙げてください。
(配点　20点)

①

②

設問4　当社の財務上の問題点について説明してください。　　　　　（配点　15点）

設問5　設問4の問題点を実際に調査する方法について説明してください。（配点　15点）

設問6　以上を踏まえて融資の可否を検討してください。　　　　　　（配点　20点）

（結　論）　　　可　・　否　（どちらかに〇をする）

（根　拠）

解　答

※下記はあくまで例です。他の解答もありえます。

1　理容業（サービス業）

設問1　①設備は老朽化していないか。
②店は衛生的か。
③固定客を確保できているか。
④後継者はいるか。
⑤競合の状況はどうなっているか。
⑥商圏の人口推移はどうなっているか。

設問2　貸借対照表の有形固定資産における設備の額と、損益計算書の減価償却費に注目し、どちらも少額であればまず妥当であると判断できる（もちろん目で確認することも不可欠である）。

設問3　設備業者のカタログや見積書を見せてもらう。

設問4　法定耐用年数である5年以内であることが理想的であるが、経済耐用年数（実際に設備を使用できる期間）以内とすることも可。

設問5　前々期　921千円（当期純利益451千円＋減価償却費470千円）
前　期　882千円（当期純利益426千円＋減価償却費456千円）

設問6　（結論）　融資は「可」とする。

（根拠）　2,100千円を5年で返すには各年420千円の返済額となる。
　一方で、既存の借入の返済額が年間250千円あるため、新たに融資を受けた後の合計返済額は年間670千円（420千円＋250千円＝670千円）となる。
　これに対し償還財源としては、今後の見通しを勘案すると過去の実績程度のキャッシュ・フローを引き続き獲得することが可能であると判断される。また当面新たな設備投資も見込まれないため、本件融資の償還財源は確保できると判断される。

2 鋼材製造業（製造業）

設問1　①自己資本比率は46.1％であり、安全性が高い。
　　　　②現預金が300百万円超、手持ち手形が500百万円超あり、資金繰りに余裕がある。

設問2　既存の土木用鋼材製品は、売上が減少傾向にあるため、新製品を開発してその落ち込みをカバーしようとする戦略に基づく申出であり、申出事情に妥当性はある。
　しかも、既存の特許技術を活用でき、追加設備投資も不要であり、また市場のニーズも十分に見込めるということから新製品開発は成功することが期待できる。

設問3　新製品の開発から量産化に至るまでの計画の詳細を聴取したうえで、スケジュールや見込み顧客別販売計画、収支計画等を検証し、早期に新製品が相応のキャッシュ・フローを獲得できるようになるか否かを見極める。

設問4　前々期　107千円（当期純利益59千円＋減価償却費48百万円）
　　　　前　期　104千円（当期純利益57千円＋減価償却費47百万円）

設問5　（結論）　融資は「可」とする。

　　　　（根拠）　融資実行後の借入残高は987百万円（前期末短期借入金331百万円＋同長期借入金606百万円＋今般借入50百万円）となるが、前期、前々期とも約100百万円のキャッシュ・フローを獲得しており、今後、既存の土木用鋼材製品は、売上の減少が予想されるものの、今般の新製品の寄与により同程度のキャッシュ・フローを今後も獲得することが見込まれるので、約10年で返済できる。
　　　　また、預金残高や手持ち手形の残高も合計800百万円超あるので、資金繰り面も安定しており他行からの反復調達にも不安がない。

3 温泉旅館（宿泊業）

設問1　①多額の設備投資が必要な装置産業である。
　　　　②周期的に改装が必要である。
　　　　③365日営業している。

設問1　④曜日や季節により集客に変動があることが多い。
　　　　⑤衛生管理が重要である。

設問2　①温泉地としてのブランドが確立しているか。
　　　　②集客力はあるか。
　　　　③設備は魅力的か。
　　　　④サービスの質はどうか。
　　　　⑤ホームページは魅力的か。

設問3　売上が減少傾向にあることが最大の問題点である。また、前々々期の減価償却額を勘案すると、前々期、前期には70百万円程度の減価償却額があると推測される。その結果、前々期と前期は経常赤字である。

設問4　年商を上回る借入金があり、借入過多である。しかも借入金は増加傾向にある（前々々期2,676百万円→前々期2,679百万円→2,756百万円）。
　　　　また、設問3で検討した減価償却額を勘案すると、債務超過である。

設問5　前々期　20百万円（当期純利益△2百万円＋減価償却費22百万円）
　　　　前　期　22百万円（当期純利益　2百万円＋減価償却費20百万円）

設問6　（結論）　融資は「否」とする。

　　　　（根拠）　既存の借入も多額であるうえに、過去の実績からして償還財源を十分に確保できる見通しがあるとはいえない。実質赤字状態から脱却できる見通しもなく、抜本的な再建への取組みを促す必要がある。

4　貴金属小売業（小売業）

設問1　①商品が小さいため在庫管理スペースが狭くてすむ。
　　　　②在庫は物理的に陳腐化しないため、商品在庫を長期保有できる。
　　　　③一方でデザインの陳腐化が激しいため、長期滞留した在庫は販売しにくい。

設問2　①売上総利益率が高い。
　　　　②商品が高額で長期保有しやすいことから、棚卸資産の額が大きい。

設問3 ①当社は約7カ月分〔棚卸資産301百万円÷{(売上原価481百万円－期首棚卸資産265百万円＋期末棚卸資産301百万円)÷12}〕の在庫を保有しており、在庫が過大である。前々期比で前期は売上が29百万円減少したにもかかわらず、在庫が36百万円増加している事実からも在庫に問題があることを裏づけている。

②オーナーから前期、41百万円の借入れを行っており、借入総額も前期は前々期に比べて19百万円増加している。

③前期の支払手形額は、前々期に比べて29百万円増加している。

設問4 前期の資金繰り上のマイナス面は、棚卸資産が36百万円増加し、短期借入金が22百万円減少しており、計58百万円の資金負担が生じている。

一方、営業キャッシュ・フローは29百万円（当期純利益12百万円＋減価償却費17百万円）しかなく、その結果資金不足が生じ、オーナーからの借入金41百万円で賄っており、資金繰りは厳しい状況にある。

設問5 （結論）融資は「否」とする。

（根拠）売上が減少しているにもかかわらず在庫が増加しており、在庫が陳腐化している懸念がある。

もし前期の在庫が、前々期と同額であったとすると、7百万円の経常赤字で、かつキャッシュ・フローもマイナスであったことになる（当期純利益12百万円－在庫増加36百万円＋減価償却費17百万円＝△7百万円）。

したがって売上減少、在庫増の要因が明らかになり、その解消が見通せない限りは融資を取り上げることは困難である。

5 建材卸グループ（卸売業）

設問1 グループを一つの企業と見立てて実態把握を行ったうえで、融資の可否を審査する。

設問2 ①建材卸業の「売掛金」と住宅請負業の「買掛金」
②建材卸業の「子会社貸付金」と住宅請負業の「親会社借入金」

設問3 建材卸業の「売上高」と住宅請負業の「売上原価」

設問4　前々期も前期も黒字で、前期は前々期比利益も増加しているにもかかわらず、現預金が10百万円減少しているのに加えて、親会社からの長期借入金が20百万円増加している。

　その原因を貸借対照表により資金繰り面から検証する。

　棚卸資産が28百万円減少し、工事未払金が29百万円増加し、資金繰りに計57百万円プラスに寄与した一方で、完成工事未収入金が57百万円増加し、未成工事受入金が62百万円減少し、資金繰りに計119百万円マイナスに寄与し、差し引き合計で62百万円資金が不足した。

　以上から、実際には赤字であったことが疑われる。

設問5　本来は翌期に計上すべき売上を前期に前倒しして計上することによって、実際は赤字であったにもかかわらず、黒字決算とした。

設問6　（結論）融資は「否」とする。

　　（根拠）　グループを一体で考えると、実質債務超過で赤字であり、実際は赤字補填資金の申出である可能性が高い。

　　　　　たとえ申出事情が真実であったとしても、建材卸業の親会社が住宅請負業を営む子会社に対し資金支援を行っている状況にある中で、今後の子会社の業績は不透明であり、グループの今後の見通しに対する不安は大きい。

6　引越専門業（運輸業）

設問1　①労働集約的な事業であり、人件費が主たる経費である。
　　　　②売上が新生活シーズンである3、4月に集中する。

設問2　①個人向けの現金商売であるにもかかわらず、売掛金・棚卸資産が存在している。さらに前々期から前期にかけて売掛金が7百万円、棚卸資産が7百万円増加している。
　　　　②前期キャッシュ・フロー6百万円（当期純利益4百万円＋減価償却費2百万円）に比して前期借入金合計が375百万円（短期137百万円＋長期238百万円）と過大である。

設問3　架空の売掛金・棚卸資産が、計上されている可能性が高い。

設問4　当社は売掛金・棚卸資産を架空計上しており、実態は赤字決算である可能性が高い。当該借入金が必要な理由は、赤字補填のためであると考えられる。

設問5　（結論）　融資は「否」とする。

　　　　（根拠）　当社は粉飾を行っており、実態は赤字で債務超過の可能性が高い。財務諸表の数値に信頼性が低く、資金の必要事情も赤字補填であり、今後の業績見通しも不透明であることから、当該融資は採り上げることができない。

7 酒類卸売業（卸売業）

設問1　①売れ筋の酒類を取り揃えているか。
　　　②小売店の経営状態に問題がないか。
　　　③販売先へのリベート支払いが利益を圧迫していないか。

設問2　運転資金は、「売上債権＋棚卸資産－仕入債務」で計算される。運転資金が必要になるのは、以下の事情によるものと考えられる。
　　　①取引規模の増大による売上債権・棚卸資産・仕入債務の増加
　　　②売掛金の不良債権化による売上債権の増加
　　　③死蔵在庫の発生による棚卸資産の増加

設問3　前々期運転資金：54百万円（受取手形10百万円＋売掛金111百万円＋棚卸資産50百万円－支払手形30百万円－買掛金87百万円）
　　　前期運転資金　：72百万円（受取手形14百万円＋売掛金130百万円＋棚卸資産54百万円－支払手形31百万円－買掛金95百万円）
　　　運転資金は前々期から前期にかけて18百万円増加しており、20百万円の借入申込みはおおむね妥当であると判断できる。

設問4　経営指標を見ると、売上債権回転期間が前々期44日から前期52日と長期化しており、売上債権の長期滞留が運転資金の増加要因であると考えられる。

設問5　前期キャッシュ・フロー：11百万円（当期純利益9百万円＋減価償却費2百万円）
　　　借入金合計額　　　　：200百万円｛従前の借入金180百万円（短期119百万円＋長期61百万円）＋新規融資20百万円｝

債務償還年数　　　　　　　：18.2年（200百万円÷11百万円）

設問6　（結論）　融資は「否」とする。

（根拠）　当社から入手した資料では、X社に対する売上が前々期90百万円から前期81百万円に減少している。対して売掛金が12百万円から23百万円と、大きく増加している。X社の業績悪化による債権の長期滞留であり、X社に対する債権の回収は困難であると判断できる。融資後の債務償還年数は現状でも18.2年と長期であるうえ、X社の業績悪化が当社の業績に悪影響を及ぼす懸念が大きい。

8　自動車部品製造業（製造業）

設問1　①自社の業績が、自動車メーカーの業績や、製造部品が使用される車種の売れ行きに依存する。
②取引先の変更に伴って新たな設備投資が必要となる（設備の汎用性が低い）。

設問2　設備投資額を自動車のモデルチェンジサイクル内に回収すべきであるため、貸出期間はその投資回収期間以内に設定すればよい。

設問3　前期キャッシュ・フロー：23百万円（当期純利益△3百万円＋減価償却費26百万円）
借入金合計額　　　　　　：179百万円（短期42百万円＋長期137百万円）
債務償還年数　　　　　　：約7.8年（179百万円÷23百万円）

設問4　変動費額　　　　　　　：売上225百万円×変動費率70％＝157.5百万円
減価償却費　　　　　　：投資額100百万円÷10年＝10百万円
税引前純利益　　　　　：売上225百万円－変動費157.5百万円－固定費50百万円
　　　　　　　　　　　　　＝17.5百万円
税引後純利益　　　　　：17.5百万円×（1－法人税率40％）＝10.5百万円
キャッシュ・フロー：10.5百万円＋減価償却費10百万円＝20.5百万円

設問5　設備投資後の借入金合計：259百万円
（従前の借入金合計179百万円＋新規融資80百万円）
設備投資後のキャッシュ・フロー：43.5百万円
（従前のキャッシュ・フロー23百万円＋設備投資キャッシュ・フロー20.5百万円）

設備投資後の債務償還年数：約6年（259百万円÷43.5百万円）

設問6 （結論）　融資は「可」とする。
（根拠）　融資後の債務償還年数は6年であり、融資前後の比較においても、年数自体でも返済に不安はないと判断できる。設備投資計画のもととなる生産計画はY社が公表しているものであり合理性が高い。さらに、売上高の増加による運転資金の増加という点でも、当社は仕入債務の合計額が売上債権・棚卸資産の合計額を上回っており、償還財源を圧迫する懸念が少ない。

9　婦人服小売業（小売業）

設問1　①流行をとらえた品揃えができているか。
②立地はよいか。
③固定客を確保しているか。
④営業時間等のサービスは顧客ニーズを満たしているか。
⑤異常気象の影響や、仕入の失敗によるデッドストックがないか。

設問2　①必要資金の内訳（金額と支払先）に妥当性はあるか。
②資金調達の全体像はどうなっているか。自己資金はどの程度あるか。
③新規店舗の収支見通しに問題がないか。
④既存店舗の収支見通しと既存の借入金の状況に問題がないか。
⑤万一、新規店舗が早期に撤退を余儀なくされた場合のリスクヘッジは可能か。

設問3　棚卸資産回転期間（前期6.7日※）が業界平均（45.8日）より短期である。

　　※　前期棚卸資産18百万円÷（売上高985百万円÷365日）≒6.7（日）

設問4　キャッシュ・フロー：30百万円（前期の税引後純利益21百万円＋減価償却費9百万円）
債務償還年数　　　：約4.5年［｛前期の借入金合計119百万円（短期24百万円＋長期95百万円）＋新規融資15百万円｝÷キャッシュ・フロー30百万円］

設問5　新規店舗が早期に撤退した際に、貸主への違約金や、原状復帰のための負担が発生する。その結果、差入保証金が戻ってこないことに加えて、追加資金負担が発

生する懸念がある。

設問6　（結論）　融資は「可」とする。

　　　　（根拠）　当社の業歴は長く、婦人服小売店の経営ノウハウは蓄積されており、既存店は今後も順調な推移が見込まれる。新規店についても、取扱商品は異なるが過去の実績を勘案すれば成功が期待できるので、収支計画書を徴求して検証した結果、償還に不安がなければ採り上げ可と判断する。
　　　　　　　　万が一、新規店舗が業績に寄与しないとしても、設問4により返済年数は約4.5年であり償還に不安はない。さらに、新規店舗が不採算で早期に撤退する場合の追加負担という点でも、前期の現金預金が50百万円あり、運転資金は1百万円（売掛金42百万円＋棚卸資産18百万円－買掛金41百万円－支払手形18百万円）しか必要ないため、償還への懸念は少ない。

10　土木工事業（建設業）

設問1　①土木工事は公共土木工事と民間土木工事に二分され、公共土木工事は減少傾向にある。
　　　　②元請・1次下請・2次下請と請負関係が重層化しており、各請負の契約条件が多様である。

設問2　①完成工事未収入金……売掛金
　　　　②未成工事支出金　……棚卸資産（仕掛品）
　　　　③工事未払金　　　……買掛金
　　　　④未成工事受入金　……前受金

設問3　①入金は契約によるが、着工時・中間時・完成引渡時というタイミングがあり、その間の費用は手形により支払う場合が多い。
　　　　②会計処理として「工事完成基準」または「工事進行基準」の2通りが存在し、前者は完成・引渡の認識、後者は工事の進行割合の認識に恣意性が介入する余地がある。

設問4　前期売上が前々期より増加し、同時に前期の売上高総利益率が前々期比・業界平均比で大きく上回っている。一方で、前期の売上債権回転期間・棚卸資産回転期間がともに前々期より長期化している。収益の前倒し計上、費用の先送りといった粉飾行為が行われている可能性が高い。

設問5　工事台帳から、請負金額、工期、工事の進行状況等を確認し、売上高総利益率等との大きな相違がないか確認する。工事台帳の確認ができない場合は、請負金額の大きい直近の工事について口頭で確認する。いずれの場合も現場へ行き、実態を確認することを怠ってはならない。

設問6　（結論）　融資は不可とする。
　　　　（根拠）　設問4より、当社は粉飾を行っている可能性が高い。実態は赤字決算である可能性が高い。